Coleção: **ITINERÁRIO CATEQUÉTICO CONFORME AS IDADES**
Autoria: Pe. Eduardo Calandro; Pe. Jordélio Siles Ledo, css

- Batismo: itinerário com pais e padrinhos
- Querigma: brincar e viver – vivências para a iniciação à vida cristã com crianças (Livro de atividades e jogos)
- Catequese com crianças: itinerário I – catequista
- Catequese com crianças: itinerário I – catequizando
- Catequese com crianças: itinerário II – catequista
- Catequese com crianças: itinerário II – catequizando
- Perseverança I: itinerário catequético – catequista
- Perseverança I: itinerário catequético – perseverante
- Perseverança II: itinerário catequético – catequista
- Perseverança II: itinerário catequético – perseverante
- Perseverança III: itinerário catequético – catequista
- Perseverança III: itinerário catequético – perseverante
- Crisma: querigma com adolescentes e jovens (Itinerário I)
- Crisma: catequese com adolescentes e jovens – Catequizando – Itinerário II
- Crisma: catequese com adolescentes e jovens – Catequista – Itinerário II
- Querigma com adultos: itinerário I
- Catequese com adultos: catequista – itinerário II
- Catequese com adultos: catequizando – itinerário II

Associação de Fiéis do Centro de Formação Permanente – CEFOPE

CATEQUESE
com crianças

Tempo do Querigma
Tempo da Catequese

Itinerário I
Livro do Catequizando

Todos os direitos reservados pela Paulus Editora. Nenhuma parte desta publicação poderá ser reproduzida, seja por meios mecânicos, eletrônicos, seja via cópia xerográfica, sem a autorização prévia da Editora.

Direção editorial: Pe. Sílvio Ribas
Coordenação editorial: Pedro Luiz Amorim Pereira
Coordenação de revisão: Tiago José Risi Leme
Coordenação de arte: Danilo Alves Lima
Impressão e acabamento: PAULUS

Associação de Fiéis do Centro de Formação Permanente – CEFOPE
Coordenação: Pe. Eduardo Calandro, Pe. Jordélio Siles Ledo, css
Equipe de redação: Pe. Eduardo Calandro, Pe. Jordélio Siles Ledo, css, Denise de Souza Proença, Ir. Nelcelina Barbosa, Simone Ribeiro Almeida, Regina Campana
Ilustrações: Lúcio Américo de Oliveira • www.lucioartesacra.com
Capa e programação visual: Marcia Lezita Silveira
Equipe de revisão: Divina Maria de Queiroz e Eurípedes Amaro dos Santos

---
Dados Internacionais de Catalogação na Publicação (CIP)
Angélica Ilacqua CRB-8/7057

Catequese com crianças: itinerário I: livro do catequizando / [Pe. Eduardo Calandro, Pe. Jordélio Siles Ledo, css]. - São Paulo: Paulus, 2022. (Coleção Itinerário catequético conforme as idades)

ISBN 978-65-5562-461-8

1. Catequese - Igreja Católica - Crianças I. Calandro, Eduardo II. Ledo, Jordélio Siles III. Série

22-0786

CDD 268
CDU 268

Índice para catálogo sistemático:
1. Catequese - Igreja Católica - Crianças

 Seja um leitor preferencial **PAULUS**.
Cadastre-se e receba informações sobre nossos lançamentos e nossas promoções: **paulus.com.br/cadastro**
Televendas: **(11) 3789-4000 / 0800 016 40 11**

1ª edição, 2022
3ª reimpressão, 2024

© PAULUS – 2022

Rua Francisco Cruz, 229 • 04117-091 – São Paulo (Brasil)
Tel.: (11) 5087-3700
paulus.com.br • editorial@paulus.com.br

ISBN 978-65-5562-461-8

APRESENTAÇÃO

Querido(a) catequizando(a)

Estamos felizes em entregar para você este livro.

Os encontros foram elaborados com muito carinho pensando em você.

Com grande alegria o(a) saudamos ao começar este caminho de iniciação à vida cristã ao redor da Eucaristia.

Iniciamos hoje um caminho no qual você poderá conhecer a Bíblia, que é a Palavra de Deus, uma grande carta de amor que Deus nos mandou.

Você irá aprender também que tudo o que Deus criou para nós é bom, nós mesmos somos a grande obra que Deus criou, por isso temos que nos amar e cuidar um do outro.

Você poderá também conhecer para amar mais a Jesus Cristo.

Nosso sonho é que você possa conhecer Jesus Cristo e sua Igreja.

Queremos que faça boas amizades nos encontros de catequese que poderão durar para a vida toda.

Então, querido(a) amiguinho(a), lhe te pedimos: coragem, hoje você começa a dar um passo bonito em sua vida, iniciando a catequese a partir deste tempo chamado querigma.

Abra seu coração! Será um período muito bonito em sua vida.

Com carinho, seus(suas) amigos(as) do
Centro de Formação Permanente – CEFOPE

Os autores

O QUE É QUERIGMA?

Querigma é uma palavra difícil até mesmo de pronunciar, não é mesmo?

Mas é cheia de sentido para nós que estamos na catequese.

A palavra "querigma" significa primeiro anúncio. Significa o ato de proclamar, de anunciar um grande *acontecimento*: a espera e, ao mesmo tempo, a chegada entre nós da salvação realizada em Jesus Cristo.

Neste tempo do querigma, nós vamos BRINCAR E VIVER. Vamos aprender sobre a vida de Jesus Cristo, sua presença entre nós e sua mensagem. Vamos ter a oportunidade de aprender brincando com a nossa turma de catequese e com as nossas famílias.

Acreditamos que você irá gostar muito.

Primeiro encontro
O MEU "SIM" A JESUS

1. Um conto bíblico *(inspirado em Mc 9,33-37)*

Jesus tinha um grupo de amigos. Eles resolveram segui-lo. Eram doze. Gostavam de ouvir seus ensinamentos. Às vezes, os discípulos de Jesus ficavam com vergonha de lhe fazer perguntas.

Certa vez, chegaram a uma cidade chamada Cafarnaum. É isso mesmo: Ca-far-na-um. No caminho, Jesus percebeu que estavam discutindo. Já em casa, Jesus perguntou ao grupo sobre o que estavam discordando pela estrada. Ficaram quietos, calados, pois estavam com vergonha de falar. Sabe por quê? Eles discutiram sobre qual deles era o maior, o mais importante. Jesus, já sabendo disso, resolveu sentar-se e chamar os doze, e começou a falar: "Se alguém quiser ser o primeiro, deverá ser o último, e ser aquele que serve a todos".

Sabe o que Jesus fez depois? Pegou uma criança que estava na casa, colocou-a no meio deles e abraçou-a... Já imaginou receber um abraço de Jesus? Com a criança no colo, disse: "Quem receber em meu nome uma destas crianças, estará recebendo a mim. E quem me receber, não estará me recebendo, mas àquele que me enviou".

2. Roda de conversa

✓ O que mais chamou sua atenção nessa história de Jesus com seus discípulos?

✓ Como podemos dizer "sim" a Jesus?

3. Jogo do Querigma – Brincar e Viver

✓ Vamos para o jogo do Querigma – Brincar e Viver.
✓ Coloque aqui o nome dos participantes da sua equipe.

....

....

✓ Todos devem se posicionar na primeira etapa do jogo.
✓ Chegou o fim da primeira etapa do jogo do Querigma. Vamos para o jogo do quebra-cabeça.

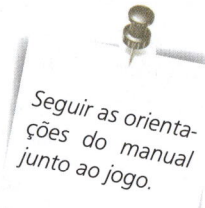

Seguir as orientações do manual junto ao jogo.

4. Compartilhar em família

Junto com a sua família, monte o seu quebra-cabeça. Coloque em uma moldura e guarde, pois iremos usá-lo na celebração de acolhida que acontecerá no fim dos encontros do querigma.

5. Oração de agradecimento

Jesus, obrigado pelo seu amor.
Faça que eu sinta o seu bem-querer.
Obrigado pelos meus sonhos,
brincadeiras, brinquedos e novos amigos.
Amém.

Segundo encontro
JESUS FOI MENINO

1. Um conto bíblico *(inspirado em Lc 2,1-7)*

Você sabia que, quando um governo quer saber dados sobre os seus habitantes, como número de jovens, crianças, idosos ou número de pessoas não alfabetizadas, pessoas que não trabalham, manda fazer recenseamento? Isso significa fazer uma listagem *(lista de dados)* sobre seus habitantes.

José e Maria tiveram de viajar para se alistar. Maria estava grávida, já no finalzinho da gravidez. Foram da cidade de Nazaré até Belém, cidade em que José nasceu.

Uma viagem de três dias. Demorada, não é? Levavam bagagem e acho que também preocupações sobre o nascimento de Jesus.

Chegaram a Belém! A cidade estava repleta de pessoas que foram se registrar também. Era muita gente! Não havia mais lugar nas hospedarias. Só ouviam: "Não há vagas! Lotado!"

Depois de um tempo, conseguiram um lugar para ficar! Oba! Foi num estábulo, lugar onde ficavam os animais da casa. Ali Jesus nasceu! Maria colocou uma roupinha nele, o enrolou em panos e o colocou na manjedoura. Não havia lugar na casa. Aleluia! Nasceu Jesus!

2. Roda de conversa

✓ Conte ao amigo do lado o que você sabe sobre o seu nascimento.
(Dia, mês, ano, a cidade onde nasceu...)

3. Jogo do Querigma – Brincar e Viver

✓ Vamos para o jogo do Querigma – Brincar e Viver.
✓ Continuamos no início da segunda etapa do jogo.
✓ Chegou o fim da segunda etapa do jogo do Querigma. Vamos para o jogo de dominó.

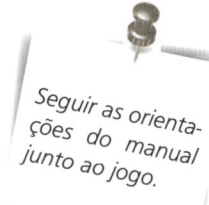

Seguir as orientações do manual junto ao jogo.

4. Compartilhar em família

Vamos jogar o jogo de dominó com a nossa família.

5. Oração de agradecimento

Deus se faz criança, nasce Jesus. Obrigado, Senhor, pelo grande presente. Nasça em meu coração, para que eu seja melhor a cada dia, fazendo sempre o bem para quem está próximo de mim.
Amém.

Ave, Maria, cheia de graça, o Senhor é convosco, bendita sois vós entre as mulheres, e bendito é o fruto do vosso ventre, Jesus.

Santa Maria, Mãe de Deus, rogai por nós pecadores, agora e na hora da nossa morte. Amém.

Terceiro encontro
JESUS ACOLHE AS CRIANÇAS E ANUNCIA O REINO DE DEUS

1. Um conto bíblico *(inspirado em Mc 10,13-16)*

Quem sabe completa o verso:

UM, DOIS, _____ COM ARROZ
TRÊS, QUATRO, _____ NO PRATO
CINCO, SEIS, _____
SETE, OITO, _____
NOVE, DEZ, _____

Certa vez, Jesus estava em casa, depois de ter estado com uma multidão de pessoas que queriam vê-lo e ouvi-lo, e chegou um grupo de adultos, trazendo crianças.

U-NI-DU-NI-TÊ
SA-LA-MÊ MIN-GUÊ
UM SORVETE COLORÊ
O ESCOLHIDO FOI VOCÊ

Queriam que Jesus as tocasse, as olhasse.

Os discípulos ficaram zangados. Começaram a ralhar com essas pessoas e com as crianças. Não queriam que incomodassem Jesus.

Imaginem o que aconteceu. Um, dois, três, vou contar: Jesus ficou bravo! E disse zangado: "Deixem as crianças vir a mim! Não lhes proíbam, porque o Reino do Céu pertence a elas. Eu garanto que quem não se fizer como uma criança, na simplicidade, na alegria, nunca entrará no Reino de Deus".

Jesus abraçou as crianças e abençoou-as, pondo as mãos sobre elas. Uau! Viva!

U-NI-DU-NI-TÊ
SA-LA-MÊ MIN-GUÊ
UM SORVETE COLORÊ
O ESCOLHIDO FOI VOCÊ

2. Roda de conversa

O Reino de Deus é um reino de justiça e fraternidade. Todas as crianças têm esses direitos garantidos.

Vamos criar outros direitos que não estão escritos aqui.

3. Jogo do Querigma – Brincar e Viver

✓ Vamos para o jogo do Querigma – Brincar e Viver.
✓ Continuamos no início da terceira etapa do jogo.
✓ Chegou o fim da terceira etapa do jogo do Querigma. Vamos para o jogo da memória.

4. Compartilhar em família

Vamos jogar o jogo da memória com a família.

5. Oração de agradecimento

Senhor, obrigado por tudo. Fazei que as pessoas entendam que toda criança precisa ter uma família, moradia, alimentação, escola, lápis de cor, livro de histórias bonitas, brinquedo, amor, carinho e respeito.
Amém.

Quarto encontro
JESUS NOS ENSINA A FAZER O BEM

1. Um conto bíblico *(inspirado em Jo 15,12)*

João ama seu pai Tadeu, que ama sua mãe Lia, que ama seu neto André, que ama seu tio Cláudio, que ama sua filha Helena, que ama sua dinda Rita, que ama seu marido João, que ama seu afilhado Theo, e assim podemos ir contando um conto de amor...

Sabiam que Jesus nos ensinou um mandamento tão lindo que nos deixará muito alegres se praticarmos o que ele nos pede? Jesus falou: O meu mandamento é este:

> **Amem-se uns aos outros, assim como eu amei vocês.**

2. Roda de conversa

✓ O que você sentiu ao conhecer o ensinamento de Jesus?
✓ Cite exemplos de atitudes do dia a dia feitas com amor.

3. Jogo do Querigma – Brincar e Viver

✓ Vamos para o jogo do Querigma – Brincar e Viver.
✓ Continuamos no início da quarta etapa do jogo.
✓ Chegou o fim da quarta etapa do jogo do Querigma. Vamos para o jogo da mímica.

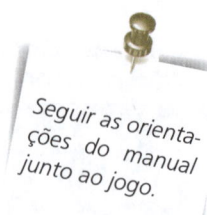

Seguir as orientações do manual junto ao jogo.

4. Compartilhar em família

Vamos jogar o jogo da mímica com a família.

5. Oração de agradecimento

Senhor, obrigado por nos amar. Ajuda-nos, neste tempo de reflexão sobre a tua presença entre nós, a compreender melhor o teu amor. Ajuda-nos a seguir o mandamento do amor por onde passarmos, na escola, com nossos amigos e na nossa família.
Amém.

Anotações

Quinto encontro
JESUS MORRE INJUSTAMENTE

1. Um conto bíblico *(inspirado em Mc 14,10-11)*

Mariana, desde que leu o livro "O jogo das palavras mágicas", de Elias José, começou a gostar muito de brincar com as palavras.

Um dia, resolveu separar as palavras por cores:

PALAVRAS AMARELAS: girassol, luar, sol, luz, gema, quindim, moeda, ouro, banana...

PALAVRAS AZUIS: céu, sorriso, encontro, piscina, olhos, mar, planeta...

PALAVRAS BRANCAS: paz, fralda, hóstia, nuvem, giz, gesso, neve, iglu...

PALAVRAS VERMELHAS: cereja, coração, sangue, morango, amor, tomate...

Certo dia, separou assim:
- ✓ **PALAVRAS EMBRULHADAS:** presente, bala, bombom, pacote, embrulho...
- ✓ **PALAVRAS REDONDAS:** bola, círculo, pneu, bambolê, aro, bolo, brigadeiro, pires, prato...

- ✓ **PALAVRAS COMPRIDAS:** metro, rio, linha, trilho, rua, horizonte, infinito, fita métrica...
- ✓ **PALAVRAS DOLORIDAS:** traição, prisão, morte...

> Mariana, ao ler a palavra "traição", lembrou da traição de Judas. Ele era um dos doze apóstolos de Jesus, e o entregou aos chefes do poder em troca de moedas de ouro.

2. Roda de conversa
Por que mataram Jesus?

3. Jogo do Querigma – Brincar e Viver
- ✓ Vamos para o jogo do Querigma – Brincar e Viver.
- ✓ Continuamos no início da quinta etapa do jogo.
- ✓ Chegou o fim da quinta etapa do jogo do Querigma. Vamos para o jogo "A cruz de Jesus".

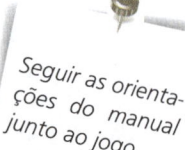

Seguir as orientações do manual junto ao jogo.

4. Compartilhar em família
Vamos brincar com o jogo "A cruz de Jesus" com a família.

5. Oração de agradecimento

Senhor Jesus Cristo, Deus e Homem verdadeiro, por seres tu quem és, bom e digno de ser amado, e porque te amo e te estimo, peço perdão por ter ofendido meus amigos, minha família e todos aqueles que convivem comigo. Obrigado, Senhor, por este momento de oração.
Amém.

Sexto encontro
JESUS VOLTA A VIVER

1. Um conto bíblico *(inspirado em At 2,22-24)*

André, Felipe e Paulo eram três amigos. Moravam no mesmo prédio e, o melhor de tudo, estudavam no mesmo colégio, no mesmo ano, na mesma turma.

Eram tão amigos que, quando um ficava de castigo, os outros dois sentiam a mesma tristeza, e ninguém descia para brincar.

Um dia, o apartamento de André virou pacote. É isso mesmo, pacote! André ia morar em outra cidade. Quanta tristeza! O caminhão já levara os móveis.

Pela primeira vez sentiam o gosto salgado da saudade! Na garagem, debaixo da escada que levava para o *play*, escondiam o choro das outras crianças.

Não demorou muito, seu Carlos, o porteiro, viu a tristeza do trio e logo os animou:

"Vocês agora vão poder passar as férias direto um na casa do outro! Viu só que maravilha? Serão as melhores férias, vão brincar e dormir na mesma casa um mês! Sem ter que se separar!"

"Uau! Um por todos e todos por um", gritaram os três, batendo as mãos ao mesmo tempo.

A alegria do reencontro trouxe de volta a esperança de tempos melhores.

2. Roda de conversa

- ✓ O que vocês acham dessa ideia de reencontrar quem amamos?
- ✓ Jesus morreu e voltou a viver. O que será que aconteceu com os seus amigos quando souberam da notícia?

3. Jogo do Querigma – Brincar e Viver

- ✓ Vamos para o jogo do Querigma – Brincar e Viver.
- ✓ Continuamos no início da sexta etapa do jogo.
- ✓ Chegou o fim da sexta etapa do jogo do Querigma. Vamos para o jogo "Eu encontrei Jesus".

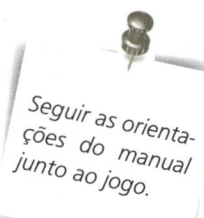

Seguir as orientações do manual junto ao jogo.

4. Compartilhar em família

Vamos brincar com o jogo "Eu encontrei Jesus" com a família.

5. Oração de agradecimento

Obrigado, Senhor, pelo grande presente: por amor a nós, Senhor, deste a tua vida e voltaste a viver. Por isso, a cada dia eu posso ser melhor. Que a chama do teu amor fortaleça a minha fé. Dá-me sempre a alegria e a vontade de comunicar que um mundo de amor é possível.
Amém.

Sétimo encontro
NÓS SOMOS DA FAMÍLIA DE JESUS

1. Um conto bíblico *(inspirado em Mt 28,18-20)*

Jesus quis aumentar muito e muito a sua família. Ela até hoje cresce dia a dia. Jesus, no início, só tinha os seus discípulos.

Vou lhes contar como tudo aconteceu.

Certa vez, num monte que Jesus havia lhes indicado, seus discípulos foram ao seu encontro. Quando o viram, se ajoelharam diante dele. Jesus se aproximou mais e falou:

"Vão ensinar a todos o que eu ensinei a vocês e os batizem em nome do Pai, e do Filho, e do Espírito Santo. Façam com que aprendam tudo que vocês viram, ouviram e vivenciaram comigo. Eu estou e estarei com vocês todos os dias."

A família cresceu tanto que chegou a nossa vez!

Nós somos da família de Jesus; eu sou um deles e você também.

2. Roda de conversa
✓ O que é ser família?
✓ Quem foi a família de Jesus no passado e hoje?

3. Jogo do Querigma – Brincar e Viver
✓ Vamos para o jogo do Querigma – Brincar e Viver.
✓ Continuamos no início da sétima etapa do jogo.

✓ Chegou o fim da sétima etapa do jogo do Querigma. Vamos para o jogo "A igreja é nossa casa".

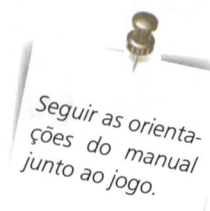

Seguir as orientações do manual junto ao jogo.

4. Compartilhar em família

✓ Vamos brincar com o jogo "A igreja é nossa casa" com a família.
✓ Convide sua família para a celebração de acolhida para o tempo da catequese.

CONVITE PARA A CELEBRAÇÃO DE ACOLHIDA

Querida família, todos vocês são convidados para estar conosco em uma bonita Celebração para o tempo da catequese. Será no dia _____ do mês de _____ às _____ horas, na igreja _____ _____.

Esperamos a todos com ternura.

_____
Catequista

5. Oração de agradecimento

> Senhor Jesus,
> tu que quiseste passar a maior
> parte de tua vida na humilde casa de Nazaré,
> obedecendo a Maria e José, obrigado por minha
> família. Defende-a de todo o mal e ajuda-a
> a viver, sempre unida, no amor
> e na paz. Amém.

AViSO

Não se esqueça de trazer para o dia da celebração de acolhida o quebra-cabeça que foi montado no primeiro encontro. Não se esqueça de colocar o seu nome.

Você deve levar também o seu livro para a celebração de acolhida, pois iremos usá-lo.

Anotações

....
....
....
....
....

QUERIDO(A) CATEQUIZANDO(A)

Iniciamos o tempo mais longo, tempo de ensino e aprofundamento.

Este tempo será iniciado com a celebração de entrada para o tempo de catequese.

Nestes encontros, acontecerão momentos muito divertidos, para aprendermos mais sobre nossa fé.

A cada bloco temático, haverá uma celebração bonita junto com a comunidade.

Esperamos que você goste do que preparamos para você.

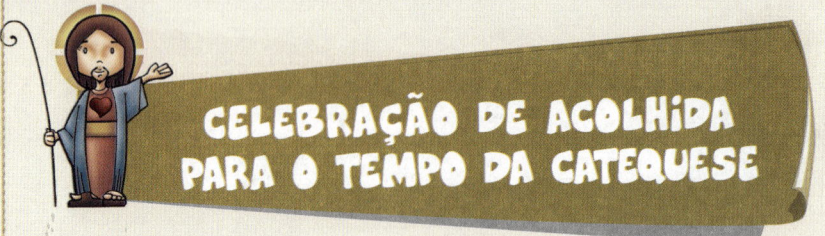

CELEBRAÇÃO DE ACOLHIDA PARA O TEMPO DA CATEQUESE

Encontro fora da igreja-templo
- ✓ **Comentário inicial**
- ✓ **Canto de abertura**
- ✓ **Saudação inicial**

Diálogo entre a comunidade, a família e os catequizandos

Catequista: *(Chamada pelo nome de cada um)*

Catequizando: Aqui estou.

Pres.: O que vocês querem?

Catequizandos: Queremos fazer parte da comunidade cristã.

Pres.: Por que vocês querem fazer parte da comunidade de fé?

Catequizandos: Cremos em Jesus Cristo.

Pres.: Como vocês já creem em Cristo e desejam percorrer este itinerário de aprofundamento da fé, neste dia tão feliz, toda a nossa comunidade os acolhe na nossa família cristã, a Igreja, onde cada dia vocês irão procurar viver como filhos e filhas de Deus. Devemos amar a Deus de todo o coração e amar-nos uns aos outros assim como ele nos amou.

Catequizandos: Queremos amar como Jesus amou.

Pres.: Queridos catequizandos, peçam agora a seus pais que se aproximem com vocês para dar a sua licença.

Pres.: Caros pais, seus filhos pedem para fazer o itinerário de educação da fé, a catequese. Vocês estão de acordo com seu desejo?

Pais: Estamos.

Pres.: Estão dispostos a desempenhar sua parte neste tempo de catequese?

Pais: Estamos.

Pres.: Para continuar o caminho hoje iniciado, estes catequizandos precisam do auxílio de nossa fé e caridade. Por isso, pergunto também a toda a comunidade aqui reunida: estão dispostos a ajudá-los nesta caminhada de educação da fé?

Todos: Estamos.

Ingresso na igreja-templo

Pres.: Eu os convido, em nome da nossa comunidade, a entrar na igreja-templo.

Recepção da imagem de Jesus

Pres.: Jesus é o Emanuel. Ele é o Deus que de nós se aproxima. Deus que entrou na história humana, Deus que fica unido a nós. Por isso, queridos catequizandos, eu entrego a cada um de vocês a imagem de Jesus.

Catequizando: Querido Jesus, Filho de Maria, nós te acolhemos, e te pedimos que caminhes conosco neste tempo de catequese. Abençoa-nos e ensina-nos a seguir e a praticar tuas virtudes. Amém.

Pres.: Senhor, que, durante este itinerário da catequese, estas crianças conheçam a vida e a mensagem do teu Filho e busquem viver como discípulos. Por Cristo, nosso Senhor.

Todos: Amém.

Preces

Catequista: Nós vos pedimos, Senhor, que aumenteis cada dia mais o desejo de nossas crianças de conhecer e viver com Jesus.

Todos: Senhor, escutai a nossa prece.

Catequista: Nós vos pedimos, Senhor, que estas crianças sejam felizes na família Igreja.

Todos: Senhor, escutai a nossa prece.

Catequista: Nós vos pedimos, Senhor, a graça de perseverarem no itinerário da catequese.

Todos: Senhor, escutai a nossa prece.

Catequista: Nós vos pedimos, Senhor, que vosso amor afaste do coração destas crianças o medo e o desânimo.

Todos: Senhor, escutai a nossa prece.

Catequista: Nós vos pedimos, Senhor, que estas crianças tenham a alegria de receber o batismo e a Eucaristia.

Todos: Senhor, escutai a nossa prece.

BÍBLIA: CARTA DE DEUS

Acolhida

Oração

Senhor, te agradecemos por deixar para nós a tua Palavra. Que ela faça parte da nossa vida e nos ilumine.
Amém.

1. Nossa realidade

Como é gostoso receber cartas. Quando amamos alguém, queremos estar próximos. Deus quis falar conosco e nos mandou uma carta.

> Como você se sente quando recebe uma carta, *e-mail* ou mensagem no celular de alguém que você gosta muito?

(Tempo para falar.)

2. Ação

✓ Vamos olhar o cenário do encontro.
✓ O que mais chamou sua atenção?

3. Iluminando com a Bíblia

- ✓ Vamos abrir a nossa Bíblia em Isaías 55,10-11.
- ✓ Vamos utilizar os cartões com os fragmentos do versículo 11 de Isaías.
- ✓ Vamos organizar seis grupos conforme o número de cartões.
- ✓ Deve ser formado o versículo, seguindo a ordem sequencial dos números.
- ✓ Quando terminarmos de montar o versículo, vamos todos ler juntos.

4. O que vamos fazer na semana?

A partir de hoje, vamos nos comprometer a trazer a Bíblia em todos os nossos encontros de catequese.

5. Para fazer com a família

Converse com a sua família e prepare um cantinho, um altar, em sua casa, para colocar a Bíblia, o presente de Deus para nós.

6. Oração de agradecimento

Senhor,
sempre que recebemos um presente, agradecemos. Estou aqui para agradecer o grande presente que tu nos deste, a Bíblia.
Amém.

COMO USAR A BÍBLIA

Acolhida

Vamos cantar a música e prestar muita atenção para não errar.

Música: O meu chapéu

O meu chapéu tem três pontas,
Tem três pontas o meu chapéu.
Se não tivesse as três pontas,
Não seria o meu chapéu.

Oração

Senhor, ajuda-nos a compreender e acolher a tua santa Palavra! Que eu te conheça e te faça conhecer, te ame, te sirva, te louve. Senhor, neste momento, inclino o meu corpo para agradecer e receber a tua bênção. Obrigado pelo grande livro sagrado, a Bíblia. Amém.

1. Nossa realidade

Tiago gostava de recriar jogos e de inventar novas regras, isto é, novas maneiras de jogar.

Sabe o que fez certo dia? Ele escreveu um manual de como usar a Bíblia. Escolheu um papel amarelo e lá escreveu assim:

MANUAL DE INSTRUÇÃO
para ler e conhecer a Bíblia.

1. Abrir o livro. 2. Folhear e observar:

- ✓ A Bíblia se divide em duas partes: Antigo Testamento e Novo Testamento.
- ✓ A Bíblia contém 73 livros, que são divididos em capítulos e versículos.
- ✓ Cada livro da Bíblia é dividido em capítulos, que são indicados por algarismos ao lado do texto.
- ✓ As frases dos capítulos chamam-se versículos, que também são numerados, só que em números menores.
- ✓ Os nomes dos livros da Bíblia podem ser abreviados: Lucas – Lc; Marcos – Mc; Mateus – Mt; João – Jo...
- ✓ Observe a citação: Lc 8,9-13. Quer dizer que o livro é o Evangelho segundo Lucas, capítulo 8, versículos *(frases)* de 9 a 13.
- ✓ A vírgula separa o capítulo dos versículos.
- ✓ Os Evangelhos estão quase no final da Bíblia.

> Será que também nós podemos criar uma regra para ler a Bíblia, este livro tão importante para nós cristãos?

2. Ação

- ✓ Vamos olhar para o cenário do encontro.
- ✓ Você conhece todas as abreviaturas dos livros da Bíblia?

✓ Relacione as abreviaturas abaixo com os respectivos livros.

Jo	Êxodo
Ex	Gênesis
Lc	Isaías
Sl	Atos dos Apóstolos
Gn	Salmos
Mt	Evangelho segundo João
Is	Evangelho segundo Mateus
Mc	Evangelho segundo Lucas
At	Evangelho segundo Marcos

3. Iluminando com a Bíblia

✓ Vamos abrir a nossa Bíblia na segunda carta a Timóteo 3,15-17.

✓ Qual a importância desse texto bíblico para nós que estamos na catequese?

....

....

....

....

4. O que vamos fazer na semana?

✓ Separe um tempinho na semana para ler o Evangelho segundo Mateus 13,4-8.

✓ Faça aqui um desenho da parábola do semeador e leve para o próximo encontro.

5. Para fazer com a família

✓ Conte a seus familiares que você já sabe procurar alguns textos bíblicos.

✓ Reze com a família o Salmo 112.

6. Oração de agradecimento

Senhor, que nosso coração esteja sempre aberto para acolher a tua Palavra. Senhor, te agradecemos teres nos dado este esse grande livro sagrado. Abençoa o(a) nosso(a) catequista, que, com amor e carinho, nos ensinou a manuseá-lo.
Amém.

DEUS NOS FALA NA VIDA E NA BÍBLIA

Acolhida

Oração

Senhor, como é bom sentir seu carinho para comigo através das palavras e dos acontecimentos no dia a dia de minha vida. Amém.

1. Nossa realidade

Um dia, depois da chuva, seu João foi fazer a caminhada matinal pela praia. Ficou maravilhado, pois viu o arco-íris! "Deus seja louvado!", exclamou.

Um tempo depois, viu seus netos e agradeceu a Deus.

Mais tarde, recebeu no celular uma ligação de seu filho, desejando-lhe um bom dia! "Que carinho! Obrigado, meu Deus!", pensou seu João.

Chegando a sua casa uma surpresa na mesa! Lá estava um bolo de laranja feito com todo mimo e carinho por sua esposa.

Ao anoitecer, abriu a Bíblia, era o Senhor lhe dizendo mais uma coisa: *"Fiquem sempre alegres no Senhor! Repito: fiquem sempre alegres"* (Fl 4,4).

Agradeceu a Deus, que havia lhe falado tanto no dia a dia como na palavra da Bíblia.

> **O que você achou da história do seu João?**
> **Você costuma agradecer a Deus pelo dia?**

2. Ação

Já estamos no segundo encontro refletindo sobre a Bíblia. Vamos fazer as atividades sobre ela.

✓ Represente uma situação cotidiana em que Deus fala em nossa vida a partir dos seguintes temas:

Grupo 1: Deus nos fala através da natureza
Grupo 2: Deus nos fala através da nossa vida
Grupo 3: Deus nos fala através da Bíblia
Grupo 4: Deus nos fala através da pessoa de Jesus
Grupo 5: Deus nos fala através da Igreja
Grupo 6: Deus nos fala através das pessoas

✓ Encontre as respostas no caça-palavras:

1. Ela é a Mãe de Jesus.
2. Ele escreveu um Evangelho.
3. Ele era um discípulo de Jesus e era pescador.
4. A Bíblia está dividida em: Antigo e Novo...
5. Número dos Apóstolos de Jesus.
6. Ele construiu uma arca para salvar diversos animais.
7. Jesus é o Bom...

Z	R	T	G	F	S	N	K	L	I	Z	O	A	F	Z
Q	Z	W	X	V	B	Z	B	M	T	K	S	I	T	M
T	E	W	N	O	É	T	B	L	M	H	H	L	Ç	É
E	Z	Ã	Ê	W	R	Y	S	B	V	R	S	D	G	J
S	U	O	L	W	S	S	P	Ç	O	I	L	K	J	O
T	S	A	X	Y	M	A	R	I	A	K	Z	I	Ç	Ã
A	B	D	G	F	J	I	R	E	Z	X	C	V	E	O
M	I	U	W	K	Z	Y	S	S	S	B	V	M	N	A	Z
E	X	W	Z	U	C	T	Z	A	F	G	H	Z	S	A
N	E	P	E	D	R	O	Z	D	E	I	U	I	Z	O
T	Z	P	D	R	T	I	U	S	V	P	D	Z	A	S
O	E	X	Y	I	O	A	W	Y	S	A	O	Y	Y	L
X	W	Z	A	T	Y	D	Ã	Ç	Z	Í	Z	Â	Z	X
E	T	W	P	A	S	T	O	R	H	G	E	J	U	I
Z	W	T	M	E	R	W	S	T	Y	U	S	X	W	Z

3. Iluminando com a Bíblia

Vamos abrir a nossa Bíblia em João 14,23-25.

4. O que vamos fazer na semana?

Vamos fazer uma miniatura da Bíblia com uma caixa de fósforos e colocar, dentro dessa caixa, os nomes dos livros da Bíblia que já conhecemos.

5. Para fazer com a família

Reconte a história de seu João que ouvimos no encontro de hoje.

6. Oração de agradecimento

> Obrigado, Senhor,
> por falar comigo todos os dias de minha vida e na Bíblia, quando leio e escuto a sua Palavra.
> Amém.

Anotações

CELEBRAÇÃO DA PALAVRA DE DEUS

Liturgia da Palavra

Animador: Vamos acolher a Bíblia trazida pelos pais e responsáveis das crianças que estão na catequese; hoje, essa Bíblia será entregue para que possam utilizá-la neste tempo de aprofundamento da vida de fé.

Compromisso

Pres.: Jesus compartilhou conosco a Palavra de Deus como sinal da sua ternura e amizade. Esta Palavra nos ensina a viver como amigos de Jesus. Vocês querem receber esta Palavra que vai ser luz em sua vida?

Catequizandos: Sim, queremos.

Pres.: Vocês querem guardar a Palavra de Deus em seu coração, lendo-a e meditando-a todos os dias de sua vida?

Catequizandos: Sim, queremos.

Pres.: Então, recebam o livro da Palavra de Deus. Que ela seja luz para a sua vida.

Catequizandos: Amém.

Pres.: Queridas crianças, eu as convido a colocar a Bíblia bem perto do seu coração, e todos que aqui estamos vamos rezar em silêncio por estas crianças que receberam hoje a Palavra de Deus.

Momento de silêncio.

Pres.: Queridos catequizandos, vós sois a casa da Palavra, é no vosso coração que Deus quer habitar, se guardardes a sua Palavra. *(De mãos estendidas, continua)* Senhor, iluminai as mentes e os corações dos vossos filhos e filhas para que, como Maria, possam pensar e falar respondendo ao vosso chamado.

Catequizandos: Senhor, faça-se em mim segundo a tua Palavra.

II FASE

PESSOA HUMANA

DEUS ME CRIOU

Acolhida

Oração

> Senhor, obrigado pela minha vida, pelos dons que me destes. Fazei que eu seja cada dia melhor. Amém.

1. Nossa realidade

✓ Você se olhou hoje no espelho? Quantas vezes?

✓ Vamos ler o poema de Roseana Murray. Ela vai nos dar uma receita.

Receita de se olhar no espelho

Se olhe de frente

de lado

de costas

de cabeça para baixo

pinte o espelho

de azul dourado vermelho
faça caretas ria sorria
feche os olhos abra os olhos
e se veja sempre surpresa
Quem é você?

Roseana Murray
Receitas de olhar, FTD

2. Ação

Escreva as suas características no corpo do boneco de papel *(estudioso, bom filho, alegre, tímido, gosta de jogar futebol, jogar vôlei...)* e, depois, escreva com letras grandes seu nome e a frase:

Deus me criou. Sou amado por Ele.

3. Iluminando com a Bíblia

Vamos abrir a nossa Bíblia em Gênesis 2,4b-7.

4. O que vamos fazer na semana?

Se sou imagem e semelhança de Deus, devo praticar e desejar a paz a todos os meus amigos, colegas e familiares. Vamos fazer uma campanha de doação de objetos, roupas, brinquedos e produtos de higiene pessoal a uma comunidade carente.

5. Para fazer com a família

✓ Pergunte para sua família como foi o seu nascimento.

✓ Quem escolheu o seu nome e por quê?

✓ Faça esta oração com seus familiares agradecendo o dom da vida.

> Querido Deus Pai e Mãe, a fonte de toda vida e luz,
> obrigado por teu amor em nossa vida.
> Obrigado pelo amor que habita nossos corações.
> Obrigado pelo amor que nos envolve a cada dia.
> Obrigado pela vida que temos.
> Obrigado pela vida de partilha.
> Obrigado pelo dom precioso da vida. Amém.

6. Oração de agradecimento

> Obrigado, meu Deus,
> pelo dom da vida, por meus pais, irmãos,
> avós e tios. Derrame graças e bênçãos sobre eles.
> Amém.

TUDO QUE DEUS CRIOU É BOM

Acolhida

Oração

Senhor, saúdo tudo que criaste, o sol que nos aquece e ilumina, o céu, a luz, a lua, as estrelas, a todos os pássaros, a todos os bichos da terra, do ar e do mar, a cada pessoa que teu amor continua criando e a tudo que vive agora e ainda viverá. Obrigado, Deus criador.
Amém.

1. Nossa realidade

Theo e Mateus eram muito amigos. Estudavam na mesma escola, moravam no mesmo prédio e frequentavam os encontros de catequese.

Certa vez, num encontro, a catequista pediu que cada um expressasse, através da pintura, da poesia ou da música, a obra da criação de Deus.

Mateus fazia teatro e resolveu ler o texto bíblico do livro Gênesis 1,1-31 de uma forma bem expressiva, fez até o cenário.

Theo era neto de japoneses e, como sua mãe gostava de ler haicais, poemas bem pequenos de origem japonesa que expressam a natureza, ele pediu-lhe ajuda e escreveu alguns. Na hora em que a catequista pediu, ele leu os haicais que havia escrito, e foi um sucesso!

PRODUÇÃO DE LEITURA DO HAICAI

Alguns de vocês vão receber os haicais conforme cada cor. Aqueles que ficarem sem, são convidados a fazer o barulho da máquina fotográfica.

À toa, à toa,
joaninha abre a capa
de bolinha e voa.

Que cheiro cheiroso
de terra molhada quando
a chuva chuvisca...

São duas faíscas
incendiando meu medo
os olhos do gato.

Bem-te-vi! Já vem
chuva, avisa o passarinho
lá do céu sem nuvem.

Sol e chuva, chuva
e sol. E se o espanhol
casar com a viúva?

Abelha doceira
atarefada no favo
vai suando mel.

O galo Lelé
canta noite e dia.
Pirou o despertador.

O meu gafanhoto,
gozado, salta de lado.
Ah, ele é canhoto!

Tromba de elefante
molha o jardim zoológico,
regador gigante.

Gota de sereno:
lágrima da madrugada
que a folha enxugou.

Que cheiro cheiroso
de terra molhada
quando a chuva chuvisca.

Três vezes ao dia,
três gotas de poesia. Uso
interno somente.

Três gotas de poesia. Ângela Leite de Souza.
São Paulo: Moderna, 2002.

2. Ação

Tema de nossa atividade: "Tudo o que Deus criou".

3. Iluminando com a Bíblia

Vamos abrir a nossa Bíblia em Gênesis 1,1-31.

4. O que vamos fazer na semana?

Deus criou tudo de bom, e o ser humano está contaminando os mares, rios, cortando árvores, desmatando áreas imensas. Está vendendo animais, prendendo pássaros... Jogando lixo em todos os lugares e destruindo uns aos outros.

Vamos nos comprometer a cuidar de nossa casa, economizar água e luz, não desperdiçar alimentos, selecionar e jogar o lixo no lugar certo e respeitar os outros? O que vocês acham disso?

5. Para fazer com a família

Reúna os familiares e converse sobre o que podemos fazer para contribuir com o ambiente a partir da própria casa. Escreva no seu livro o que foi combinado entre a sua família.

....

....

6. Oração de agradecimento

> Obrigado, Senhor, por tudo que criaste! Faz que possamos ter mais consciência para cuidar com mais carinho de tua grande obra.
> Amém.

A FAMÍLIA QUE DEUS ME DEU

Acolhida

Oração

> Senhor,
> como é bom viver em família.
> Família é a nossa primeira comunidade.
> Acolhe em teus braços e abençoa meus pais,
> irmãos, tios e avós.
> Amém.

1. Nossa realidade

Maitê gostava muito de brincar. Algumas vezes, gostava de ir à escola, e outras não gostava muito, ficava com preguiça.

Um dia, teve de fazer um trabalho de história: "Família, nossa primeira comunidade". Tinha que fazer logo, pois receberia a visita dos avós e queria sair com eles.

Primeiro, Maitê começou a pensar em diversas situações que partilhamos em família, como passeios, brincadeiras, momento das refeições, visitas de parentes, festas. Depois, lembrou que aqueles eram momentos de muita alegria, mas também há alguns momentos de preocupações e outros em que ficamos tristes, como nas discussões e brigas.

Maitê lembrou-se de tanta coisa boa, que não sabia como começar o trabalho. Agradeceu a Deus a família que tinha. Pediu perdão a Deus pelas vezes que achou todos muito chatos.

Deu um pulo e gritou: "Viva minha família!".

Uma hora, ela sorriu e falou baixinho: "Até Jesus teve uma família! Maria, José e Jesus Menino".

> **Do que você mais gosta na sua família?**
> **Do que você menos gosta na sua família?**

2. Ação

Dinâmica - *Coelhinho na toca*.

3. Iluminando com a Bíblia

Vamos abrir a nossa Bíblia em Eclesiástico 3,1-8.

4. O que vamos fazer na semana?

- ✓ Vamos buscar compreender melhor as atitudes de amor, de preocupação, de proteção, de repreensão dos nossos pais.
- ✓ Ser sempre conciliador.

ESCREVA EM SEU LIVRO OS NOMES DA FAMÍLIA DE NAZARÉ.

5. Para fazer com a família

Faça junto com a família a atividade da árvore genealógica.

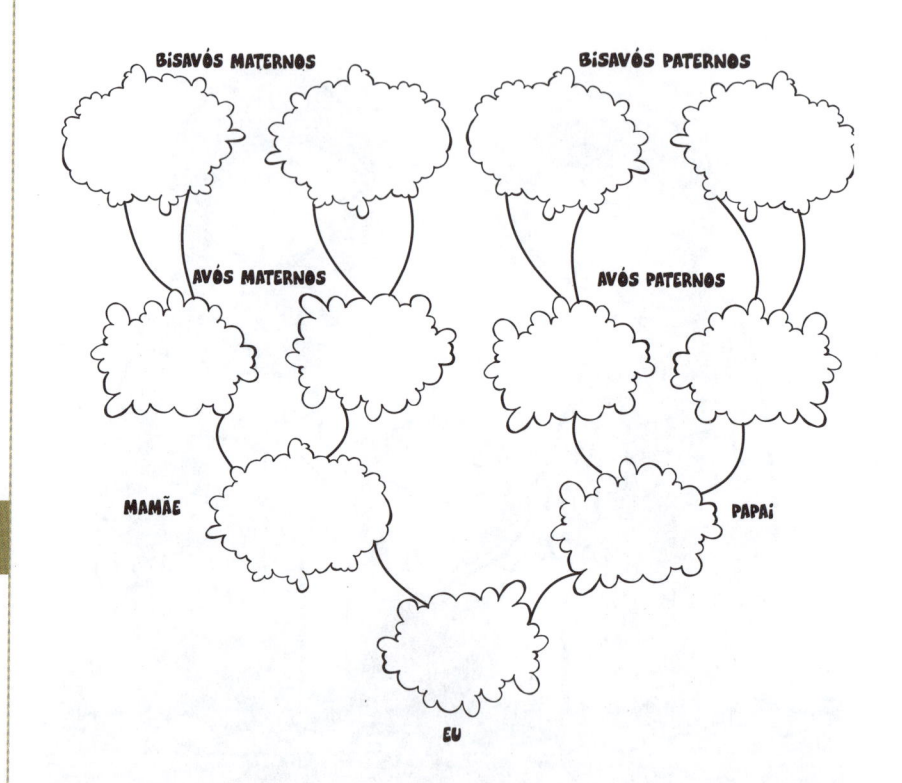

BISAVÓS MATERNOS   BISAVÓS PATERNOS

AVÓS MATERNOS   AVÓS PATERNOS

MAMÃE   PAPAI

EU

6. Oração de agradecimento

Obrigado, Senhor,
por teres me dado uma família!
Ajuda-me a valorizar todo momento em que
estiver com minha família. Ajuda-me a demonstrar
meu carinho, gratidão e amor por tudo que eles
me fazem e me ensinam. Abençoa, Senhor,
a minha família.
Amém.

OS AMIGOS QUE DEUS ME DEU

Acolhida

Oração

> Senhor, cobre de bênçãos os meus amigos. Olha cada um bem de pertinho. Guarda-os em família sempre. Olha com amor para todos nós, especialmente para este meu amigo de catequese, e dá a ele toda paz e alegria. Ilumina sua vida e faze-o feliz. Amém.

1. Nossa realidade

Chiquinho morava em uma cidade grande, em um prédio com muitos apartamentos. Vivia brigando com todo mundo. Suas brincadeiras eram todas cheias de maldade, tais como riscar carro, entrar no quintal das casas vizinhas sem permissão, quebrar galhos de árvores, jogar água pela janela, apertar todos os números do elevador. Quando Chiquinho agia assim, alguns riam. Mas nem todos concordavam com o que ele fazia, pois o achavam mal-educado.

Um dia, Chiquinho foi viajar com sua família e as crianças puderam finalmente se divertir tranquilamente.

E começaram a conversar sobre ele:

– Será que um dia Chiquinho vai mudar?

Então Mônica teve uma ideia, e falou:

– Quando Chiquinho fizer de novo essas brincadeiras chatas de estragar as coisas, nós poderíamos não achar nenhuma graça. Assim ele aprenderia que está agindo errado e mudaria.

Quando Chiquinho chegou de viagem, todos fizeram como haviam combinado.

Dito e feito. Chiquinho passou a perceber que seu jeito de ser não agradava e resolveu mudar, pois viu que todos aqueles de que ele gostava, que eram seus amigos, estavam chateados com ele.

O que fez com que Chiquinho mudasse seu jeito de ser?

2. Ação

✓ Vamos pensar em uma situação que mostre amizade.
✓ Criemos um conto sobre essa situação.

....
....
....
....
....
....
....
....

3. Iluminando com a Bíblia

✓ Vamos abrir a Bíblia em João 15,12-17.

✓ Você tem amigos? Escreva os nomes dos seus amigos.

MEUS AMIGOS

4. O que vamos fazer na semana?

✓ Ter um novo olhar sobre os amigos que tenho.

✓ Um olhar mais fraterno, mais de companheirismo, amizade e troca.

✓ Vamos pensar em uma atitude que podemos fazer para ser amigos de Jesus.

5. Para fazer com a família

✓ Releia com sua família o texto de João 15,12-17.

✓ Peça que sua família escreva aqui o nome de grandes amigos que fazem parte da convivência da família.

....
....
....
....
....
....
....
....

6. Oração de agradecimento

Senhor, como é bom ter amigos. Abençoa os que brincam comigo todos os dias, os que brincam de vez em quando e os que não querem brincar. Que todas as crianças possam ter um brinquedo e livros de história para alimentar a amizade. Amém.

CELEBRAÇÃO DA VIDA

1. **Acolhida**

2. **Proclamação da Palavra**
Texto bíblico: Daniel 3,57-82.

Grupo Terra *(todos recitam juntos)*
– ⁵⁷Obras do Senhor, bendizei o Senhor,*
louvai-o e exaltai-o pelos séculos sem fim!
– ⁵⁸Céus, bendizei o Senhor!
⁵⁹Anjos do Senhor, bendizei o Senhor!

Grupo Água
– ⁶⁰Águas do alto céu, bendizei o Senhor!*
⁶¹Potências do Senhor, bendizei o Senhor!
– ⁶²Lua e sol, bendizei o Senhor!*
⁶³Astros e estrelas, bendizei o Senhor!

Grupo Ar
– ⁶⁴Chuvas e orvalhos, bendizei o Senhor!*
⁶⁵Brisas e ventos, bendizei o Senhor!
– ⁶⁶Fogo e calor, bendizei o Senhor!*
⁶⁷Frio e ardor, bendizei o Senhor!

Grupo Fogo
– ⁶⁸Orvalhos e garoas, bendizei o Senhor!*
⁶⁹Geada e frio, bendizei o Senhor!

– ⁷⁰Gelos e neves, bendizei o Senhor!*
⁷¹Noites e dias, bendizei o Senhor!

Grupo Terra

– ⁷²Luzes e trevas, bendizei o Senhor!*
⁷³Raios e nuvens, bendizei o Senhor!
–⁷⁴Ilhas e terra, bendizei o Senhor!*
Louvai-o e exaltai-o pelos séculos sem fim!

Grupo Água

– ⁷⁵Montes e colinas, bendizei o Senhor!*
⁷⁶Plantas da terra, bendizei o Senhor!
– ⁷⁷Mares e rios, bendizei o Senhor!*
⁷⁸Fontes e nascentes, bendizei o Senhor!

Grupo Ar

– ⁷⁹Baleias e peixes, bendizei o Senhor!*
⁸⁰Pássaros do céu, bendizei o Senhor!
– ⁸¹Feras e rebanhos, bendizei o Senhor!*
⁸²Filhos dos homens, bendizei o Senhor!

3. Partilha da Palavra

✓ Vamos ficar ao redor da colcha de retalhos.

✓ Agora, vamos escrever nesta bandeira uma palavra que represente a vida.

4. Oração de agradecimento pelo dom da vida

Bendito seja Deus pela terra que nos dá o alimento. Bendito seja Deus pelo ar que respiramos. Bendito seja Deus pelo fogo que nos ilumina e nos aquece. Bendito seja Deus pela água que nos purifica e sacia a nossa sede. Bendito seja Deus pelas pessoas que fazem parte das nossas vidas. Bendito seja Deus por este encontro de fé e vida. Amém.

JESUS, O CRISTO

III FASE

DEUS NOS ENVIA JESUS

Acolhida

Oração

Jesus que um dia foi Menino, nós te agradecemos por nasceres entre nós. Que a tua presença nos anime e proteja em todos os momentos da vida. Amém.

1. Nossa realidade

Duas mulheres, uma na Bahia e outra no Rio de Janeiro, têm histórias muito parecidas, passaram por situações difíceis. Deram à luz os seus filhos na calçada, em frente ao hospital, que está sendo investigado. As autoridades querem saber se houve omissão de socorro. Segundo a família, as portas da maternidade estavam trancadas com cadeado. E ninguém apareceu para atender.

A história do nascimento de Jesus é parecida com a história dessas mulheres? Por quê?

Por que Jesus nasceu numa manjedoura?

2. Ação

✓ Quem poderia dizer qual desses personagens é o Menino Jesus?

✓ Podemos trazer a imagem para o nosso meio? Vamos fazer uma pequena caminhada até onde estamos reunidos e deixar no meio de nós a imagem de Jesus.

✓ Escreva o dia, mês e ano em que você nasceu.

....

....

✓ Desenhe a imagem do Menino Jesus.

3. Iluminando com a Bíblia

Vamos abrir a nossa Bíblia em Lucas 2,1-7.

4. O que vamos fazer na semana?

Motivados por este encontro, peça aos seus familiares ou responsáveis para colocar em seu quarto a imagem de Jesus Menino e, ao lado dela, uma foto de quando você era bebê.

Atenção!

Ao iniciar este tempo de reflexão sobre a pessoa de Jesus Cristo, nós queremos fazer a experiência de viver no seguimento de Jesus, segundo o seu Espírito. Queremos "conhecer e amar a Jesus para o seu seguimento". Este conhecimento é muito mais "um sabor que um saber". Um meio privilegiado que temos para conhecer a Jesus saboreando o encontro com ele e alimentando nossa espiritualidade, que deve ser concreta.

Por isso, a partir de hoje, vamos iniciar uma grande campanha *(arrecadação de alimentos, roupas etc.)*, para, no final deste bloco, fazermos a nossa JORNADA DOS AMIGOS DE JESUS com nosso gesto concreto.

5. Para fazer com a família

✓ Leia o texto bíblico de Lucas 1,26-31 com os pais, irmãos e amigos. Peça a todos que partilhem a Palavra.

- ✓ Conte a história das mulheres que não encontraram vaga no hospital e deram à luz no meio da rua.
- ✓ Qual a relação dessa história com a história de Jesus?
- ✓ O que podemos fazer para ser mais solidários?

6. Oração de agradecimento

> Senhor Jesus,
> quero guardar em minha mente
> e em meu coração a sua imagem.
> Ainda quando criança, foi amável e admirado por muitos. Obrigado por morar entre nós.
> Amém.

Anotações

_____
_____
_____
_____
_____
_____
_____
_____

JESUS TAMBÉM FOI CRIANÇA

Acolhida

Oração

> Senhor,
> como tantos que caminham
> ao teu encontro, faz de nós peregrinos
> da paz e da esperança.
> Amém.

1. Nossa realidade

Existem muitos santuários no Brasil. Os santuários são lugares aonde as pessoas vão para fazer romarias, orações e agradecer a Deus por graças alcançadas.

> Quem de vocês já foi a uma romaria?
>
> Os pais foram também?
>
> É bom visitar os santuários? O que se vê por lá?
>
> Alguém já se perdeu no meio de uma multidão? O que aconteceu?

2. Ação

✓ Vamos escolher uma imagem de um santuário e colar aqui.

✓ O que você achou? Onde fica esse santuário?

....

....

3. Iluminando com a Bíblia

Vamos abrir nossa Bíblia em Lucas 2,41-52.

4. O que vamos fazer na semana?

Peça aos pais ou avós para ir com você a um santuário onde haja romarias.

Vamos nos lembrar da grande campanha *(arrecadação de alimentos, roupas etc.)*, para, no final deste bloco, fazermos a nossa JORNADA DOS AMIGOS DE JESUS com nosso gesto concreto.

5. Para fazer com a família

- ✓ Pergunte aos pais se eles já foram a alguma romaria.
- ✓ Quais foram os santuários visitados por eles?
- ✓ Peça que contem uma experiência bonita e mostrem fotos.
- ✓ Cole aqui a foto da romaria da sua família.

6. Oração de agradecimento

Senhor Jesus,
obrigado por nascer entre nós.
Obrigado por permanecer entre nós.
Amém.

JESUS NOS CHAMA PARA SEGUI-LO

Acolhida

Oração

Senhor, queremos ouvir teu chamado de amor e queremos te seguir com alegria. Ajuda-nos a ser fiéis ao teu convite. Amém.

1. Nossa realidade

Vamos ler juntos um relato feito por *Elcka Torres,* enviada especial ao Rio de Janeiro, por ocasião da Jornada Mundial da Juventude, 2013.

PARA RECORTAR

O papa Francisco seguia em direção ao Palácio São Joaquim, sede da arquidiocese do Rio de Janeiro, quando Natan se aproximou do carro onde o papa estava para abraçá-lo.

"Inesquecível!" É com essa palavra que o garoto Natan de Melo Brito Pires, 9 anos, definiu o seu encontro com o papa Francisco na manhã de sexta-feira, no bairro da Glória, na capital carioca.

Natan chorou muito após ser abraçado pelo papa e revelou que seu desejo é se tornar padre.

O garoto descreveu a emoção do momento: "Eu falei para ele que quero me tornar sacerdote, ministro de Cristo, e o papa disse que irá rezar por mim, e ainda pediu que eu rezasse por ele. Quando acabei de falar com ele, minhas pernas estavam bambas. Eu chorei muito".

> **O que você achou da história? Você gostou da atitude do Natan?**
>
> **O que achou da atitude do papa?**

2. Ação

Escreva no peixinho o seu desejo. Como eu desejo seguir Jesus?

Recorte do seu livro o peixinho com seu pedido para colocar na rede.

3. Iluminando com a Bíblia

Vamos abrir nossa Bíblia em Mateus 4,18-22.

✓ Vamos, em atitude de reflexão, escrever o nome dos personagens do texto.

....

....

....

....

✓ Quem é que fez o chamado?

....

✓ Será que ele continua nos chamando ainda hoje?

....

✓ Jesus nos chama para quê?

....

....

....

....

✓ Se ele nos chamar, qual deve ser a nossa resposta?

....

✓ Vamos colorir o desenho relacionado ao tema de hoje.

4. O que vamos fazer na semana?

Leve o peixinho com o pedido para casa, coloque-o dentro da Bíblia e, todos os dias, antes de dormir, repita o pedido em forma de oração.

5. Para fazer com a família

Faça uma entrevista com seus pais e avós, pedindo que contem como eles sentiram o chamado de Deus em suas vidas. Registre aqui.

....

....

....

....

6. Oração de agradecimento

> Senhor, hoje eu descobri que tu chamas pessoas para continuar o teu projeto de fé e vida. Obrigado pelo dom da vida de todas as pessoas que te seguem. Amém.

AVISO
Vamos trazer um brinquedo em bom estado que possa ser doado.

JESUS NOS ENSINA A FAZER COISAS BOAS

Acolhida

Oração

> Senhor, te pedimos que nos ensines, através da tua Palavra, a amar e fazer o bem. Amém.

1. Nossa realidade

Vamos ler juntos o texto abaixo para rever nossas atitudes humanas:

Uma das melhores formas de nos sentirmos bem – muito bem –, entretanto, é fazendo as outras pessoas se sentirem bem. Como pode isso? A questão é que, quando praticamos o bem, quando deixamos outra pessoa feliz, essa felicidade parece nos contagiar de tal forma que nós mesmos passamos a nos sentir melhor.

Se você não acredita, propomos o desafio de passar um dia apenas fazendo o bem aos outros. Esqueça por um dia de preocupar-se consigo mesmo e passe a priorizar os outros, apenas como exercício. Faça os favores que lhe pedirem, deixe o outro passar na sua frente no trânsito, dê um lugar na fila para quem está mais apressado, doe uma quantia em dinheiro a quem precisa, compre um presente para as pessoas amadas. Faça isso apenas como experimentação.

Por fim, vale lembrar que o contrário também é verdadeiro. Se você prejudica alguém, isso faz mal a você mesmo. Repare que, quando você grita ou briga com alguém, quando critica outra pessoa, acaba também se sentindo mal. Então procure conscientemente fazer o bem e veja sua vida melhorar de uma forma quase mágica. Não perca mais tempo.

> **O que você achou desse texto?**

2. Ação

Vamos, com a massa de modelar, criar imagens que representem pessoas ajudando umas às outras.

3. Iluminando com a Bíblia

Vamos abrir nossa Bíblia em Mateus 12,9-13.

- ✓ Jesus, em toda a sua vida, procurou obedecer às orientações do Pai. As pessoas valem mais do que as coisas. O que é mais importante para você: as coisas ou as pessoas? Por quê?
- ✓ Você ajuda quando alguém necessita?
- ✓ Vamos pegar os brinquedos que estão no centro da sala e oferecer a um colega dizendo uma palavra inspirada na leitura que acabamos de ouvir.

4. O que vamos fazer na semana?

Reúna os seus amigos e familiares para fazer uma campanha de arrecadação de alimentos e leve para uma família necessitada.

Não podemos nos esquecer da nossa grande campanha *(arrecadação de alimentos, roupas etc.)*, para, no final deste bloco, fazermos a nossa JORNADA DOS AMIGOS DE JESUS com nosso gesto concreto.

5. Para fazer com a família

Convide os pais para visitar um orfanato, creche ou hospital, levar brinquedos e brincar com as crianças.

6. Oração de agradecimento

> Senhor, obrigado por ajudar-me a olhar para as pessoas com mais caridade. Que eu não seja egoísta. Quero sempre fazer o bem a todos.
> Amém.

Anotações

_____
_____
_____
_____
_____
_____
_____
_____

JESUS ACOLHE E PERDOA A QUEM ERRA

Acolhida

Oração

> Querido Jesus,
> queremos, neste encontro, celebrar a vida
> e te conhecer melhor.
> Amém.

1. Nossa realidade

Vamos ler um pequeno relato para compreendermos a importância do perdão em nossa vida.

No dia 13 de maio de 1981, na praça São Pedro, no Vaticano, um homem disparou quatro tiros contra o papa João Paulo II. O homem foi dominado e preso. O papa se recuperou rápido dos ferimentos e perdoou seu agressor. Dois anos depois, em 1983, o papa João Paulo II foi visitá-lo na prisão e afirmou ter perdoado seu agressor. O papa manteve contato com esse homem que tentou matá-lo até pouco tempo antes da sua morte, no ano de 2005.

> O que você achou dessa história?
>
> O que você achou da atitude do papa João Paulo II de ir visitar o homem que queria matá-lo?

2. Ação

Vamos desenhar um coração.

Escreva, de um lado do coração, o nome de algum colega que você não consegue acolher e, do outro, uma prece por ele.

3. Iluminando com a Bíblia

Vamos abrir nossa Bíblia em Lucas 15,11-24.

- ✓ Quem era esse pai de que o texto fala?
- ✓ O que achou da sua atitude?

4. O que vamos fazer na semana?

Confeccione um cartão com uma mensagem sobre o que o encontro ensinou a você hoje e ofereça a uma pessoa que precisa ser perdoada por você.

5. Para fazer com a família

Convide os vizinhos e amigos para ler o texto que refletimos hoje.

6. Oração de agradecimento

> Senhor,
> obrigado por nos ensinar a importância do perdão. Queremos amar e perdoar todos os dias as pessoas que nos ofenderam.
> Amém.

Anotações

JESUS ACOLHE OS DOENTES

Acolhida

Oração

Querido Jesus,
tu que és a luz que ilumina nossas vidas,
dá-nos a graça de ver os teus sinais entre nós.
Amém.

1. Nossa realidade

A verdadeira história dos cegos e o elefante.

O que houve depois:

A história dos cegos e do elefante está disseminada por aí, em várias versões. Mas nenhuma conta o que aconteceu depois. Corrigimos isso a tempo, confira.

Era uma vez seis cegos à beira de uma estrada. Um dia, lá do fundo de sua escuridão, eles ouviram um alvoroço e perguntaram o que era.

Era um elefante passando e a multidão tumultuada atrás dele. Os cegos não sabiam o que era um elefante e quiseram conhecê-lo.

Então, o guia parou o animal e os cegos começaram a examiná-lo.

Apalparam, apalparam... Terminado o exame, os cegos começaram a conversar:

— Puxa! Que animal esquisito! Parece uma coluna coberta de pelos!

— Você está doido? Coluna que nada! Elefante é um enorme abano, isto sim!

— Qual abano, colega! Você parece cego! Elefante é uma espada que quase me feriu!

— Nada de espada, nem de abano, nem de coluna. Elefante é uma corda, eu até puxei.

— De jeito nenhum! Elefante é uma enorme serpente que se enrola.

— Mas quanta invencionice! Então eu não vi bem? Elefante é uma grande montanha que se mexe.

E lá ficaram os seis cegos, à beira da estrada, discutindo partes do elefante. O tom da discussão foi crescendo, até que começaram a brigar, com tanta eficiência quanto quem não enxerga pode brigar, cada um querendo convencer os outros que sua percepção era a correta.

Bem, um não participou da briga, porque estava imaginando se podia registrar os direitos da descoberta e calculando quanto podia ganhar com aquilo.

A certa altura, um dos cegos levou uma pancada na cabeça, a lente dos seus óculos escuros se quebrou, ferindo seu olho esquerdo, e, por algum desses mistérios da vida, ele recuperou a visão daquele olho. E vendo, olhou, e olhando, viu o elefante, compreendendo imediatamente tudo.

Dirigiu-se, então, aos outros para explicar que estavam errados, ele estava vendo e sabia como era o elefante. Buscou as melhores palavras que pudessem descrever o que vira, mas eles não acreditaram, e acabaram unidos para debochar e rir dele.

(Virgílio Vasconcelos Vilela)

> **O que acontece quando a gente mal vê uma coisa, não olha bem e sai por aí falando o que não tem certeza?**

2. Ação

- ✓ Como você se sentiu fazendo o papel de guia?
- ✓ Como você se sentiu fazendo o papel de cego?
- ✓ Você imagina como vive uma pessoa deficiente visual?

3. Iluminando com a Bíblia

Vamos abrir nossa Bíblia em João 9,1-12.

- ✓ O que fez Jesus?
- ✓ Para ajudar alguém, existe dia e hora?
- ✓ O cego reconheceu que Jesus era o Filho de Deus. Por quê?

4. O que vamos fazer na semana?

Ir à casa de uma pessoa com deficiência e bater um papo com ela.

5. Para fazer com a família

Convide sua família para visitar uma casa ou instituição que trabalha com pessoas com deficiência

6. Oração de agradecimento

> Senhor, dá-me a capacidade de compreender e cuidar das pessoas que precisarem de mim. Obrigado pela luz que ilumina nossas vidas.
> Amém.

JESUS NOS ENSINA A AMAR

Acolhida

Oração

Senhor, que possamos seguir o exemplo que o teu Filho Jesus nos deixou: amar sempre e em qualquer situação da vida. Que possamos conhecer tua Palavra para amar sempre mais as pessoas com as quais convivemos. Amém.

1. Nossa realidade

Certo dia, um homem que amava mais o dinheiro do que a Deus perguntou:

– Senhora, por que você vai todos os dias à igreja?
Ela respondeu: – É porque lá é a casa de Deus.

PARA RECORTAR

PARA RECORTAR

Falou o homem: – Casa de Deus? O meu Deus está aqui no meu bolso, este sim. Com ele eu consigo tudo o que eu quero.

A senhora respondeu:

– Moço, não diga isso. O nosso Deus é o seu Deus, é ele quem nos dá a vida, a saúde e tudo o que somos. Saiba que um dia você pode perder todo seu dinheiro.

O homem, zombando daquela senhora, falou: – Que nada, ninguém nunca viu o seu Deus, o meu sim, este é visível. Vejo-o todos os dias no meu bolso.

Após alguns meses, a senhora passava, e o homem não estava. Preocupada, a senhora procurou saber onde estava aquele homem. Os vizinhos dele falaram. Adoeceu, teve um infarto, está muito mal no hospital. A senhora foi fazer uma visita àquele homem. Chegando lá, ele estava com a boca torta e chorando muito e, com dificuldade, falou: – É, você disse que um dia eu ia perder tudo, perdi minha saúde. Peça ao seu Deus que resolva o meu problema.

O que aprendemos com essa história?

2. Ação

✓ Vamos escrever nestes coraçõezinhos uma mensagem para alguém que precisa saber do amor de Deus por nós.

✓ Vamos recortar e colar no papel pardo que está na parede.

3. Iluminando com a Bíblia

Vamos abrir a nossa Bíblia em Mateus 22,34-40.

✓ Por que aquele homem pensava que o dinheiro era o seu Deus?

✓ Ele sentia o amor de Deus na vida dele?

✓ O que devemos fazer para deixar que o amor de Deus se manifeste em nossas vidas?

✓ Vamos escrever no coração o nome das pessoas que precisamos amar sempre.

4. O que vamos fazer na semana?

Visite um vizinho e fale do mandamento do amor ou envie uma mensagem através de e-mail ou celular para as pessoas, falando do mandamento que Jesus deixou.

Vamos nos lembrar da grande campanha *(arrecadação de alimentos, roupas etc.)*, para, no final deste bloco, fazermos a nossa JORNADA DOS AMIGOS DE JESUS com nosso gesto concreto.

5. Para fazer com a família

Leia o texto bíblico que refletimos no encontro de hoje. Peça desculpa a sua família por não ouvir os seus conselhos. Faça um gesto de amor em família.

6. Oração de agradecimento

> Senhor Jesus,
> obrigado por conhecer tua Palavra de vida
> e salvação, quero viver para te amar e servir.
> Amém.

Anotações

JESUS NOS ENSINA ATRAVÉS DE HISTÓRIAS

Acolhida

Oração

> Querido Senhor Jesus,
> abre os nossos ouvidos para que possamos
> acolher tuas histórias de vida e salvação.
> Amém.

1. Nossa realidade

Certo dia, uma professora foi visitar uma família muito pobre e, chegando lá, deparou-se com uma situação difícil. Ao entrar na casa, viu que o dono da casa estava muito doente.

A professora procurou saber o que o homem tinha. A esposa lhe disse: – Estamos aqui sofrendo muito. Meu marido está aí nessa tábua com uma ferida na barriga, não temos o que comer nem como comprar remédio.

A professora imediatamente providenciou uma ambulância para levar o homem ao hospital. Pediu aos seus alunos um quilo de alimento para doar àquela família e ajudou a comprar o material escolar da filha daquele casal.

> Após ouvir a história dessa família, partilhe o que sentiu em seu coração.
>
> Você conhece algum fato como esse?

2. Ação

- ✓ Vamos cuidar um do outro.
- ✓ Como se sentiu cuidando do colega?

3. Iluminando com a Bíblia

Vamos abrir nossa Bíblia em Lucas 10,25-37.

- ✓ Qual foi a forma que o bom samaritano achou para ajudar o homem doente?
- ✓ O que podemos fazer para ajudar o próximo?
- ✓ Vamos pintar os personagens e dar destaque àquele que foi misericordioso.

Sacerdote   Levita   Samaritano

4. O que vamos fazer na semana?

Faça um desenho do bom samaritano e mostre para alguma pessoa que esteja precisando ouvir uma mensagem de vida e cuidado. Conte para essa pessoa a história do bom samaritano que você aprendeu.

5. Para fazer com a família

Peça à família para visitar uma criança doente, levar um abraço ou um brinquedo para doar.

> Senhor, como o bom samaritano, quero ter um coração sensível para estar ao lado de quem precisa de ajuda. Obrigado pelos gestos de bondade que encontro em minha vida.
> Amém.

Anotações

JESUS NOS TRAZ O REINO DE DEUS

6. Oração de agradecimento
Acolhida

> Pai nosso que estais nos céus, santificado seja o vosso nome. Venha a nós o vosso Reino. Seja feita a vossa vontade, assim na terra como no céu. O pão nosso de cada dia nos dai hoje. Perdoai-nos as nossas ofensas, assim como nós perdoamos a quem nos tem ofendido. E não nos deixeis cair em tentação, mas livrai-nos do mal. Amém.

Oração

1. Nossa realidade

Quando ajudamos nossos semelhantes, com certeza contribuímos para um mundo melhor. Quando o exemplo parte das crianças, temos ainda mais a aprender com elas. Foi o que aconteceu com o Mateus e a Maria Eduarda, em um gesto concreto. Os dois economizaram e abriram mão de seus doces para que pudessem ajudar umas crianças da creche do bairro. Esta semana, foram ao Centro Social fazer sua doação em chocolates.

> O que podemos fazer para ajudar crianças que não têm a mesma oportunidade que nós?
>
> Será que alguém tem um exemplo de vida parecido com este de Maria Eduarda e Mateus? Conte para nós.

2. Ação

Vamos fazer a atividade: ligue as ações que pertencem ao Reino de Deus.

- Partilhar o lanche na escola com quem não tem
- Ajudar os pais nas tarefas de casa
- Cuidar do planeta
- Ajudar um idoso a atravessar a rua
- Não ajudar ninguém
- Trapacear os amigos
- Desobedecer às orientações dos mais velhos
- Deixar a casa bagunçada
- Dizer bom-dia às pessoas

O Reino de Deus

3. Iluminando com a Bíblia

Vamos abrir a nossa Bíblia em Marcos 10,13-16.

✓ Vamos ler o texto duas vezes.
✓ Por que Jesus queria que as crianças ficassem perto dele?

4. O que vamos fazer na semana?

Vamos levar nosso cartaz e colar no mural da paróquia ou comunidade.

Vamos nos lembrar da grande campanha *(arrecadação de alimentos, roupas etc.)*, para, no final deste bloco, fazermos a nossa JORNADA DOS AMIGOS DE JESUS com nosso gesto concreto.

5. Para fazer com a família

Convide os pais para visitar uma creche e partilhar alguma coisa com as crianças que vivem lá.

6. Oração de agradecimento

Escreva aqui uma oração agradecendo a Deus a presença dele em sua vida, e peça que ele ajude você a encontrar o Reino dele.

....
....
....
....
....
....
....
....
....
....

OS AMIGOS DE JESUS

Acolhida

Oração

Abençoa, Senhor,
os meus amigos e minhas amigas.
Não nos deixes esquecer um do outro.
Eu te peço, Senhor, que eu seja fiel
aos meus amigos.
Eles são valiosos para mim.
Amém.

1. Nossa realidade

Um homem chamado Pedro tinha um amigo muito bom. Seu amigo sabia respeitar os outros e fazia amizade por onde passava. Certo dia, Pedro cometeu um erro: por medo de ser preso, negou seu melhor amigo.

O amigo, sentindo-se traído, foi ao encontro de Pedro e disse: – Bem que eu lhe disse que você iria me trair.

Neste momento, Pedro se deu conta de que havia feito uma grande besteira.

Chorou amargamente e pediu perdão ao seu grande amigo. O amigo voltou a confiar em Pedro. Perdoou-o e deu a ele uma grande responsabilidade: ser responsável pelo grupo dos amigos chamados apóstolos.

> Será que, na vida, a gente age como Pedro? Às vezes, dizemos que somos amigos de alguém, mas, por qualquer coisa, a gente fica de mal.

2. Ação

- ✓ Escreva nas folhas da árvore as qualidades que os amigos de Jesus devem ter.
- ✓ No tronco, escreva o nome Jesus.
- ✓ Vamos colorir nossa árvore.

3. Iluminando com a Bíblia

Vamos abrir nossa Bíblia em Marcos 1,16-20.

4. O que vamos fazer na semana?

Escreva e envie uma mensagem para os seus amigos.

Vamos nos lembrar da grande campanha *(arrecadação de alimentos, roupas etc.)*, para, no final deste bloco, fazermos a nossa JORNADA DOS AMIGOS DE JESUS com nosso gesto concreto. Vamos combinar o dia e aonde iremos.

5. Para fazer com a família

Leia o texto bíblico do encontro de hoje e pergunte se é possível fazer novos amigos. Entregue a flor ou o botão de rosa.

6. Oração de agradecimento

Obrigado, Senhor, pelo dom de viver. Por ser meu amigo e me ensinar que é muito bom ter, ser e fazer amigos. Continue presente na minha vida e na vida dos meus amigos.
Amém.

Anotações

....

....

....

....

JESUS MORRE INJUSTAMENTE NA CRUZ

Acolhida

Oração

Senhor Jesus, diante da cruz, queremos renovar nossa fé em ti. Ensina-nos a acolher a cruz como sinal de amor e entrega total. Amém.

1. Nossa realidade

Jesus, o Filho de Deus, colocou sua vida a serviço da humanidade. Pensou em trazer vida em abundância para todos. Amou as crianças, jovens, idosos e todas as pessoas que tinham algum tipo de problema. Não discriminou ninguém. Queria que o Reino do Pai acontecesse no coração das pessoas. Por causa de suas ideias, foi odiado por muitos. Houve ingratidão e pediram a sua morte injustamente. Foi crucificado.

> **Vocês conhecem a história de alguma pessoa que tenha morrido injustamente?**

2. Ação

Pinte o quadro que indica o dia em que Jesus morreu na cruz para nossa salvação.

Segunda
Terça
Quarta
Quinta
Sexta
Sábado
Domingo

3. Iluminando com a Bíblia

Vamos abrir nossa Bíblia em João 19,17-22.

✓ Por que será que Jesus morreu injustamente?

4. O que vamos fazer na semana?

Nesta semana, somos convidados a observar os lugares e buscar perceber os espaços onde há uma cruz. Anote para você contar depois.

....

....

....

5. Para fazer com a família

Convide sua família para ir a uma igreja ver a via-sacra e lá rezarem juntos.

6. Oração de agradecimento

> Jesus,
> te agradeço por tão grande amor.
> Por dares a vida por nós.
> Ensina-me a ser fiel a ti.
> Amém.

Anotações

....

....

....

....

....

....

....

....

JESUS CRISTO VIVO ESTÁ ENTRE NÓS

Acolhida

Oração

Senhor Jesus, obrigado por estar vivo entre nós. Que a sua ressurreição seja um sinal da eterna alegria em nossa vida. Amém.

1. Nossa realidade

Numa pequena cidade do interior do Ceará, vivia uma família que sobrevivia da agricultura e da criação de animais. Era uma família simples, que procurava ser sempre solidária com todos que necessitavam de ajuda. Eis que uma grande seca acabou com toda a plantação, houve muita morte de animais... Mas a família continuava unida, fazendo suas preces à espera de chuva. As plantas pareciam que estavam todas mortas, árvores secas, olhares tristes... Foi então que, na festa de São José, veio uma grande chuva com ventos fortes, raios e trovões. A água se espalhou na plantação e encheu os lagos. Era sinal de vida nova. No dia seguinte, para surpresa de todos, tudo estava verde. Era o sinal de vida. E todos diziam, agradecidos a Deus: "A vida é teimosa, não se cansa de recomeçar!".

> O que você acha dessa história?
>
> O que ela tem a ver com o tema: Jesus Cristo vivo está entre nós?

2. Ação

Vamos brincar com a dinâmica do vivo/morto

✓ "Por que buscam entre os mortos aquele que está vivo?" (Lc 24,5).

3. Iluminando com a Bíblia

Vamos abrir nossa Bíblia em João 20,11-18.

✓ Escreva abaixo os versículos de que você gostou mais.

....

....

....

....

....

....

....

....

....

✓ Pinte a imagem de Jesus ressuscitado.

4. O que vamos fazer na semana?

✓ Procure fotografias ou imagens que falem da ressurreição, traga para a JORNADA DOS AMIGOS DE JESUS e apresente ao grupo.

✓ No dia _____ vamos fazer a nossa JORNADA DOS AMIGOS DE JESUS com nosso gesto concreto.

✓ Leve um lanche para ser partilhado com todos.

5. Para fazer com a família

Convide sua família para plantar uma árvore ou semear algumas sementes no jardim e conte para eles o que você sabe sobre a ressurreição de Jesus.

6. Oração de agradecimento

> Senhor Jesus,
> agora tenho mais motivos para estar contigo. Sei que ressuscitaste e vives no meio de nós.
> Amém.

Anotações

_____

_____

_____

_____

_____

JORNADA DOS AMIGOS DE JESUS

Oração

Senhor, fazei-me instrumento de vossa paz.
Onde houver ódio, que eu leve o amor;
Onde houver ofensa, que eu leve o perdão;
Onde houver discórdia, que eu leve a união;
Onde houver dúvida, que eu leve a fé;
Onde houver erro, que eu leve a verdade;
Onde houver desespero, que eu leve a esperança;
Onde houver tristeza, que eu leve a alegria;
Onde houver trevas, que eu leve a luz.

Ó Mestre, fazei que eu procure mais
consolar que ser consolado;
compreender, que ser compreendido;
amar, que ser amado.
Pois é dando que se recebe,
é perdoando que se é perdoado,
e é morrendo que se vive para a vida eterna.

SUMÁRIO

QUERIGMA – BRINCAR E VIVER

O que é querigma?	8
Primeiro encontro: O meu "sim" a Jesus	9
Segundo encontro: Jesus foi menino	11
Terceiro encontro: Jesus acolhe as crianças e anuncia o Reino de Deus	13
Quarto encontro: Jesus nos ensina a fazer o bem	15
Quinto encontro: Jesus morre injustamente	17
Sexto encontro: Jesus volta a viver	19
Sétimo encontro: Nós somos da família de Jesus	21

TEMPO DA CATEQUESE

Celebração de acolhida para o tempo da catequese	26

I FASE: PALAVRA DE DEUS

Bíblia: carta de Deus	30
Como usar a Bíblia	32
Deus nos fala na vida e na Bíblia	36
Celebração da Palavra de Deus	40

II FASE: PESSOA HUMANA

Deus me criou 43
Tudo que Deus criou é bom 46
A família que Deus me deu 49
Os amigos que Deus me deu 53
Celebração da vida 57

III FASE: JESUS, O CRISTO

Deus nos envia Jesus 60
Jesus também foi criança 64
Jesus nos chama para segui-lo 67
Jesus nos ensina a fazer coisas boas 72
Jesus acolhe e perdoa a quem erra 75
Jesus acolhe os doentes 78
Jesus nos ensina a amar 81
Jesus nos ensina através de histórias 85
Jesus nos traz o Reino de Deus 89
Os amigos de Jesus 92
Jesus morre injustamente na cruz 95
Jesus Cristo vivo está entre nós 98
Jornada dos Amigos de Jesus 102